Demur Chomakhidze

Energia Renovável da Geórgia: Fontes e Realização

Demur Chomakhidze

Energia Renovável da Geórgia: Fontes e Realização

ScienciaScripts

Imprint

Any brand names and product names mentioned in this book are subject to trademark, brand or patent protection and are trademarks or registered trademarks of their respective holders. The use of brand names, product names, common names, trade names, product descriptions etc. even without a particular marking in this work is in no way to be construed to mean that such names may be regarded as unrestricted in respect of trademark and brand protection legislation and could thus be used by anyone.

Cover image: www.ingimage.com

This book is a translation from the original published under ISBN 978-613-8-32770-7.

Publisher:
Sciencia Scripts
is a trademark of
Dodo Books Indian Ocean Ltd. and OmniScriptum S.R.L Publishing group
Str. Armeneasca 28/1, office 1, Chisinau MD-2012, Republic of Moldova, Europe
Printed at: see last page
ISBN: 978-620-5-38177-9

1. A Geórgia situa-se no Sul do Cáucaso, no cruzamento entre a Europa Oriental e a Ásia Ocidental.

2. A área total é de 69 700 km^2 . 20% da área total é ocupada pela Rússia.

3. População: 3 720 400

4. Capital: Tbilissi

5. Moeda: Lari (1 dólar americano=2,42 GEL)

6. PIB per capita: 3852,5

7. O combustível e outras fontes de energia estão disponíveis em pequenas quantidades, embora não sejam muito abundantes a este respeito.

8. Os rios têm grandes quantidades de energia hidroeléctrica, que compensam largamente a escassez de combustível do país. Actualmente, apenas 12 % dos recursos técnicos hidroeléctricos são utilizados.

9. A Geórgia é rica em fontes de energia alternativas (solar, geotérmica, eólica, etc.).

2 Recursos hidroeléctricos

O potencial energético dos rios

A Geórgia tem rios com elevado potencial energético e é rica em centrais hidroeléctricas. Este facto compensa parcialmente o défice de combustível do país.

A Geórgia tem um grande potencial hidroeléctrico devido ao seu terreno montanhoso. As montanhas do Cáucaso e do Cáucaso Menor têm um declive particularmente elevado, e os rios destas montanhas podem ter um elevado potencial hidroeléctrico porque são capazes de gerar alta pressão em curtas distâncias. Esta afirmação é especialmente verdadeira para a Geórgia ocidental.

Há um total de 26.000 rios na Geórgia, com um comprimento total de 60.000 km. 99,3% do volume total dos rios e 76% do comprimento total de todos os rios são os rios com um comprimento total de 25 km e menos. O volume total do fluxo de água é de 52,8 km^3 , enquanto o total dos recursos hídricos da Geórgia atinge 61,5 km^3 . Se a água doce for adicionada, incluindo glaciares, lagos, reservatórios e zonas húmidas, o volume total de água aumenta para 96,5 km^3 .

De acordo com o Projecto Hidroeléctrico, 319 do total dos rios têm um potencial hidroeléctrico significativo com uma capacidade potencial de 15,63 milhões de kW e uma geração anual média total de 135,8 mil milhões de kWh. 208 destes rios são rios pequenos e médios com uma capacidade potencial de 14,78 GWh e 129,5 TWh. Os restantes 111 rios têm um potencial de 851 mil kW (7 % da capacidade total dos rios).

A energia da superfície total das águas da Geórgia é de 228,5 TWh, com uma capacidade correspondente de 26,1 GWh

De acordo com os estudos do mesmo instituto, se tivermos em conta o potencial hidroeléctrico teórico dos principais rios da Geórgia, podemos calcular a quantidade de fluxos fluviais por metro quadrado, que é de 3,27 GWh para todo o país, 5,06 GWh para a Geórgia Oriental e 1,73 GWh para a Geórgia Ocidental. Em termos absolutos, isto significa que 228,5 TWh (72,1%) são para a Geórgia Ocidental e 63,7 TWh (27,9%) para a Geórgia Oriental.

Se separarmos o potencial dos pequenos, médios e grandes rios, podemos assumir que eles representam 60% (135,8 TWh) do potencial energético total das águas de superfície, sendo as águas de montanha responsáveis por mais 40% (92,7 mil milhões de kWh) (ver Quadro 2.1):

Fontes de energia hidroeléctrica

Hydropower sources	Capacity GWh	Energy TWh	%
Total potential of surface water Flows	26.08	228.5	100
Theoretical potential of large, medium and small rivers (319 rivers)	15.62	135.8	59.5
Theoretical potential of water flow from mountains	10.46	92.7	40.5

O potencial hidroeléctrico teórico dos grandes e médios rios é de 136 TWh, o que corresponde a 3,4% do potencial hidroeléctrico total de todos os rios no território das antigas repúblicas soviéticas. O potencial hidroeléctrico técnico da Geórgia é de 81 mil milhões de kWh; o potencial hidroeléctrico económico é de 39 TWh. O potencial hidroeléctrico por metro quadrado do actual território georgiano é de 1943 ths kWh, um dos valores mais elevados do mundo. A Geórgia ocupa o terceiro lugar entre os países da URSS em termos de potencial hídrico per capita, 41,7% mais elevado do que as médias da URSS. Outra condição favorável para a construção de centrais hidroeléctricas é que 40 % do potencial hidroeléctrico tecnicamente possível de todos os 319 rios esteja concentrado em oito rios principais (Mtkvari, Rioni, Enguri, Tskhenistskali, Kodori, Bzifi, Khrami e Aragvi). O potencial económico dos principais rios da Geórgia é apresentado no Quadro 2.2. O potencial hidroeléctrico da Geórgia acima mencionado (135,8 TWh) reflecte a capacidade de 319 pequenos e médios rios.

Sabe-se que a distribuição sazonal da capacidade potencial da água depende teoricamente apenas da sazonalidade das flutuações do rio. Além disso, a redistribuição dentro de um ano ou dentro de anos diferentes é possível devido à construção de centrais de PCCE convencionais, razão pela qual a sazonalidade do erro hídrico, tendo em conta a situação energética global, é mais importante para o desenvolvimento do complexo termoeléctrico do país. Quadro 2.2

Potencial económico dos principais rios da Geórgia

Name of the river	Annual economic potential bl. kWh	Share from total economic potential, %
Enguri	10,7	27,4
Rioni with Tskhenistskali	8,3	21,3
Kodi	5,7	14,6
Alazan of Tusheti	3,8	9,7
Mtkvari with Aragvi	3,5	9
Bzifi	2,5	6,4
Khrami and Faravani	2,0	5,1
Shaori and Tkibuli	0,8	2,1
Small rivers	1,7	4,4
All	39,0	100,0

A seguir, os dados da distribuição sazonal anual do potencial hidroeléctrico dos principais rios da Geórgia são apresentados como uma percentagem do potencial anual (ver Quadro 2.3):

Distribuição anual do potencial hidroeléctrico para os principais rios da Geórgia

Territory	Area km^2, ths.	Seasonal distribution of resources, %			
		Winter	Spring	Summer	Autumn
West Georgia	32,6	16,0	33,3	32,2	18,5
East Georgia	37,3	13,8	43,6	26,6	16,0
Total	69,7	15,4	36,2	30,6	17,8

É de notar que as teorias para detectar, avaliar e calcular o potencial de utilização de energia hidroeléctrica baseiam-se em dados do século anterior e requerem uma avaliação adicional de acordo com as normas modernas. O trabalho nesta direcção ainda se encontra na fase inicial. São necessários fundos adicionais para trabalho de campo e estudos documentais para apoio de engenharia para o desenvolvimento de energia hidroeléctrica.

Table 2.4

Distribuição do potencial hidroeléctrico entre as principais bacias hidrográficas da Geórgia

River basin	Catchment area, km^2	Average annual capacity, MW	Share in total hydropower potential, %	Average annual generation, GWh	Per square capacity Ths. kW/km	Per square generation, GWh/km^2
Mtkvari	18243	2204	14,1	19303	3,23	1,06
Rioni	13418	2985	19,1	26148	3,1	1,95
Enguri	4058	2063	13,2	18071	6,82	4,45
Kodori	2036	1329	8,5	11636	7,78	5,72
Bzifi	1502	797	5,1	6982	5,23	4,65
Sum	-	9378	00,0	02140		-

O potencial anual de energia hidroeléctrica tecnicamente viável das centrais de cogeração de grande e média escala é de 81 TWh, dos quais 73% estão na Geórgia Ocidental (59 TWh) e 27% na Geórgia Oriental (22 TWh).

A distribuição do potencial técnico entre as bacias hidrográficas mais importantes do país é mostrada no Quadro 2.4. O potencial hidroeléctrico economicamente realizável é de cerca de 39 TWh, o que corresponde a quase 50 % do potencial tecnicamente realizável. O potencial economicamente explorável das principais bacias hidrográficas do país é mostrado no Quadro 2.4.

Neste contexto, o potencial hidroeléctrico do país tem efeitos tanto negativos como positivos: está distribuído de forma desigual pelo território da Geórgia. A Geórgia ocidental e oriental têm quase a mesma área, com 70 % do potencial energético na Geórgia ocidental.

Table 2.5 mostra a distribuição regional do potencial hidroeléctrico. A categoria A inclui os rios para os quais estão disponíveis estudos metodológicos detalhados, enquanto apenas cálculos aproximados estão disponíveis para os rios da categoria B.

Quadro 2.5 Distribuição regional do potencial hidroeléctrico

Regions	Number of category A rivers	Number of category A rivers	Total capacity of the rivers 10^3 kW	Generation GWh.
Abkhazia	40	15	3644,7	31344
Svaneti	19	13	3216,0	26416
Samegrelo	11	2	1736,8	15531
Imereti	23	12	2577,8	20580
Racha-Lechkhumi	13	6	2235,4	18220
Guria	7	-	508,8	4290
Adjara	14	2	795,4	6490
Samtskhe-Javakheti	17	10	667,6	5848,2
Kvemo-Qartly	8	-	664,0	5784
Shida Qartly	20	9	1670,5	14657
Mckheta-Mtianeti	15	18	2088,6	17925
Kakheti	29	26	1527,5	11973

Table 2.6   mostra que todos os rios georgianos têm um grande potencial hidroeléctrico. Os mais notáveis são: Abkhazia, Swaneti, Imereti, Racha-lechkhumi, Mtkheta- mtianeti, Samegrelo e Shida Qartli. Os principais rios em termos de potencial energético são: Enguri, Rioni, Mtkvari - onde se encontra a maioria das instalações de PCCE em funcionamento e onde o potencial é considerado uma vez.

A Geórgia é extraordinariamente rica em rios muito pequenos. O seu potencial tecnicamente realizável é de 12,3 TWh. Nos últimos anos, foram desenvolvidos 300 planos para a utilização de pequenos e médios rios, dos quais 229 pequenas centrais de PCCE podem ser instaladas em 47 distritos diferentes. Destes, 155 podem ser criados em 28 distritos na Geórgia Ocidental e 73 em 19 distritos na Geórgia Oriental. A capacidade total das pequenas CHP é de 2,1 GWh; elas podem gerar 12,3 TWh anualmente. 66,7% da capacidade e 68,38% da geração encontra-se na parte ocidental da Geórgia.

A maioria dos rios georgianos tem uma sazonalidade aproximada, ou seja, caudal de água elevado na Primavera/Verão e caudal de água baixo no Outono/Inverno. Por esta razão, a utilização eficaz do potencial pode ser conseguida através da construção de diferentes tipos de instalações de PCCE, onde o impacto no regime natural é mínimo e o desenvolvimento da aplicação mútua de sistemas naturais e artificiais tem lugar.

Para um maior desenvolvimento do potencial hidroeléctrico como recurso energético importante, é necessário estudar e justificar a metodologia de utilização, definir a localização e os parâmetros de novos objectos através de uma utilização complexa, tendo em conta as escalas e a conveniência.

Segundo o Ministério da Energia da Geórgia, o projecto internacional, que é financiado por uma subvenção do Ministério dos Negócios Estrangeiros do Reino dos Países Baixos, está em curso. O objectivo do projecto é estudar as bacias hidrográficas e elaborar uma lista de potenciais instalações de PCCE. O projecto inclui a digitalização e reconciliação dos dados hidrológicos e meteorológicos históricos existentes. Como resultado final, teremos um mapa digital da Geórgia no sistema GIS, onde a informação sobre as potenciais CHPs aparecerá: Coordenadas, capacidade, geração de energia, quantidade de investimento para construção, etc. Os parâmetros técnico-económicos das centrais hidroeléctricas existentes e potenciais estão listados nos anexos.

Situação actual e desafios

A 1 de Janeiro de 2016, estavam em funcionamento 67 HPP, das quais 19 eram grandes e médias HPP e 48 eram pequenas HPP (ver Quadro 2.6).

Quadro 2.6

Capacidade instalada e geração de centrais de PCCE na Geórgia, 2015

N	Name of HPP	Generation (GWh)	Installed capacity (MW)
1	Enguri	3287,41	1300
2	Vardnili	557,53	220
3	Khrami 1	225,46	112,8
4	Khrami 2	341,77	114,4
5	Jinvali	405,81	130
6	Vartsikhe cascade	763,19	184
7	Rioni	307,07	48
8	Gumati	282,33	68,8
9	Lajanuri	377,73	112,5
10	Dzevruli	117,15	80
11	Shaori	106,19	38,4
12	Zahesi	185,13	36,8
13	Ortachala	78,795	18
14	Atskhesi	58,25	16
15	Chitakhevi	94,45	21
16	Satskhene	18,25	14
17	Khadori	135,73	24
18	Larsi	67,75	19
19	Faravani	407,22	86,54
20	48 small HPPs	508,78	160,8
21	Total HPPs	8326,014	2804,96

5 centrais CHP, 4 pequenas e uma média, foram encomendadas em 2016

com uma capacidade total de 116,7 MW. Assim, no início de 2017 estavam em funcionamento 72 centrais de produção combinada de calor e electricidade com uma capacidade total instalada de 2921,66 MW. A maioria está localizada na parte ocidental da Geórgia (nas bacias dos rios Enguri e Rioni). Quase metade da produção anual de electricidade é fornecida por 7 centrais de PCCE convencionais com uma capacidade total instalada de 1991 MW e uma produção anual de electricidade de mais de 5 TWh. A capacidade total instalada das 12 centrais de produção combinada de calor e electricidade sazonais existentes é de 646 MW, enquanto 48 pequenas centrais de produção combinada de calor e electricidade desregulamentadas (abaixo de 13 MW) com uma capacidade total instalada de 162 MW fornecem apenas 5% da geração total.

O volume total de armazenamento das HPPs convencionais é de 2259 m^3 (dos quais 1425 m^3 é volume utilizável).

Grandes partes das centrais eléctricas existentes estão obsoletas e precisam de ser modernizadas para aumentar a eficiência. Na maioria dos casos, o horário de enchimento e esvaziamento não é cumprido como previsto e não se acumula energia em tempos de défice.

Nos últimos anos, a construção de centrais de PCCE aumentou significativamente; em particular, 18 centrais de PCCE com uma capacidade total instalada de 174 MW foram encomendadas em 2010-2015.

Graças a realizações modernas em engenharia hidráulica, é possível construir dezenas de grandes e médias centrais hidroeléctricas economicamente viáveis. No entanto, o grau de utilização do potencial hidroeléctrico é ainda baixo. A produção hidroeléctrica atingiu 9,2 TWh em 2016, o que representa apenas 11,4% da capacidade técnica e 23,6% da capacidade económica.

Os principais desafios na investigação do potencial hidroeléctrico e da sua utilização são os seguintes:

1. Recálculo do potencial hidroeléctrico.

2. Construção de centrais de PCCE convencionais com controlo sazonal para aumentar a produção de electricidade no Inverno.

3. Construção de complexos de centrais eléctricas convencionais, sempre que possível.

4. Construção de centrais hidroeléctricas que oferecem a possibilidade de regular o fluxo de água e utilizá-la para irrigação, abastecimento de água e produção de energia.

5. Elaboração de uma lista de medidas a implementar para a segurança e restauração da linha costeira do Mar Negro contra os danos causados pelo declínio dos sedimentos dos rios.

6. Utilização plena do potencial hidrelétrico local economicamente viável.

3 Energia solar

Potencial de energia solar

Considerando a posição geográfica da Geórgia, a eficácia e duração da radiação solar é bastante elevada. Na maioria das regiões georglanas, a duração anual dos dias de sol varia entre 250-280 dias, o que, tendo em conta a relação entre as horas do dia e da noite, corresponde a 1900-2200 horas por ano. A radiação solar anual varia entre 1250-1800 kWh/m^2 , dependendo da região. O potencial solar total da Geórgia está estimado em 108 MW, o que equivale a 34 mil toneladas de energia térmica.

A radiação solar máxima atinge 10kWh/m² no Verão e 4-4,5kWh/m² em dias ensolarados no Inverno. O máximo anual de radiação solar foi medido em Rodionovka com 2633 horas, enquanto que o mínimo foi de 1147 horas em Sairme. A radiação solar anual de regiões seleccionadas da Geórgia é mostrada na Tabela 3.1 abaixo.

Quadro 3.1

Radiação solar anual para regiões seleccionadas da Geórgia

Stations	Elevation (m)	Perpendicular surface (kWh /m²)	Horizontal surface (kWh /m²)
Senaki	40	1317	1329
Sokhumi	116	1351	1415
Anaseuli	158	1198	1303
Tbilisi	428	1861	1402
Telavi	568	1350	1408
Tcalka	1457	1386	1457
Jvari Pass	2395	1503	1586
Kazbegi	3653	1706	1790

A figura 3.2 mostra um atlas da radiação solar na Geórgia:

Figura 3.2 Distribuição da radiação solar, atlas

Situação actual e desafios

Actualmente, são instalados até 50 000 colectores solares para abastecimento de água quente, utilizados principalmente para abastecimento de água quente para casas de banho e cozinhas, aquecimento de piscinas e aquecimento da casa nos meses de Inverno. As pequenas células solares fotovoltaicas estão também bastante disseminadas entre a população, na sua maioria com uma produção entre 20 e 2000 watts. De acordo com a associação "Solar House", até 400 sistemas solares fotovoltaicos com uma potência total de 90 kW estão instalados na Geórgia. De acordo com o principal supermercado técnico "Qebuli climate", foram vendidos e instalados até 5700 colectores solares para aquecimento de água.

Recentemente, a 30 de Julho[th] , o Aeroporto Internacional de Tbilisi de 2016 instalou painéis solares para gerar electricidade com a ajuda de empresas japonesas. A potência média do sistema é de 316kW, a produção anual é de 337kWh, a área coberta é de 4000m² , a redução das emissões de CO2 é de 187 toneladas. A electricidade gerada é utilizada para a iluminação dos terminais.

Uma das empresas activas no mercado da Geórgia oferece baterias solares monocristalinas de 1W por 2,2 USD, que sao fabricadas de acordo com tecnologias alemãs.

O Ministério da Energia e a Headwall Power International assinaram um memorando de entendimento para explorar o potencial energético no município de Gardabani. Segundo o memorando, a Headwall Power International e o seu parceiro "Solar Power Company" estudaram o potencial energético em Gardabani durante 12 meses.

Em 30th de Junho de 2016, foi assinado um Memorando de Entendimento entre o governo georgiano e uma empresa estatal, o Fundo Georgiano de Desenvolvimento Energético, para assegurar o estudo/análise dos dados de energia solar no município de Sagarejo, na região de Kakheti. A capacidade instalada da central solar é de 5 MW e a produção anual estimada é de 6 900 000 KWh. Já foi preparado um estudo de viabilidade da empresa. Os termos de um Memorando de Entendimento (MoU) estão actualmente a ser negociados com o Ministério da Economia e Desenvolvimento Sustentável da Geórgia e o consultor está a preparar os documentos do concurso para o contratante EPC (Engineering, Procurement and Construction).

Para ilustrar a eficácia da conversão da energia solar em energia térmica, realizámos uma experiência para determinar a poupança anual em custos operacionais conseguida através do fornecimento de água quente doméstica utilizando um colector solar de tubo de vácuo.

O método experimental foi o seguinte: Em 24 horas, observou-se que quantidade de água era aquecida a que temperatura pela caldeira solar.

As observações foram efectuadas no prazo de um ano em Kutaisi num aquecedor de água de 230 litros instalado numa família de cinco e operado com um controlador solar de aquecimento de água SR500 (ver Tabela 3.3). Os dados técnicos e económicos podem ser encontrados aqui:

- Tipo - tubo de vácuo.
- Volume de água no colector - 230 l.
- Número de tubos - 20.
- Tipo de abastecimento de água - sem pressurização.
- Orientação - sudeste.
- Ângulo de Inclinação - 45^0 C.

- Espaço efectivo do absorvedor 2,52 m^2 .
- Superfície de montagem: 3 82.
- Comprimento/largura: 1800/1655.
- Diâmetro do tubo de vácuo: 58 mm.
- O comprimento da linha de vácuo: 1800 mm.
- Capacidade de reforço eléctrico: 1500 wt.
- **Protecção contra sedimentos: Ânodo de magnésio.**

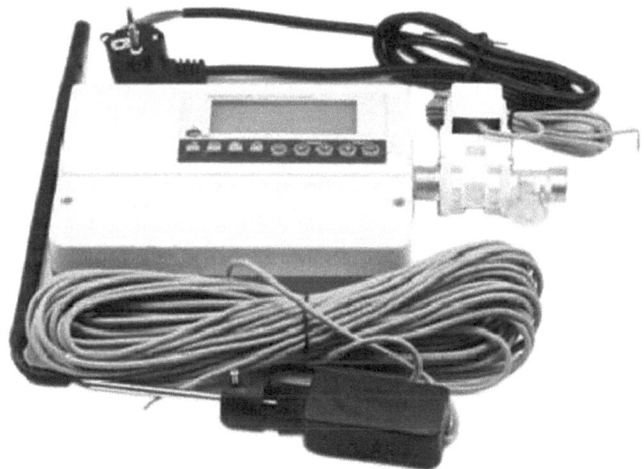

Figura 3.3 Controlador do sistema solar SR500.
Características do controlador automático do aquecedor solar de água SR 500:

Dados técnicos:

1. Dimensões: 210mm*145mm*48mm.
2. Alimentação eléctrica: AC230V ±10%.
3. Consumo de energia: < 4 W.
4. Precisão de medição da temperatura: ± 2^0 C.
5. Gama de temperaturas de exposição: 0~99^0 C.
6. Gama de medição de temperatura: 0~99^0 C.
7. Potência adequada da bomba: 1 peça< 600W.

8. Potência adequada do cabo de aquecimento eléctrico: 1 peça<800W.

9. Potência adequada do propulsor eléctrico: Standard<2000W.

10. Temperatura ambiente: -10^0 C~ 50^0 C.

11. Classificação à prova de água: IP40.

Funções Configuração e funcionamento:

1. Função modo automático.

2. Aquecimento auxiliar com temperatura controlada em três períodos de tempo pré-definidos.

3. Função de termóstato para o abastecimento de água.

4. Função de aquecimento.

5. Função de absorção de água.

6. Função de carregamento de água com temperatura controlada.

7. Função do abastecimento de água em caso de falta de água.

8. Controlo da temperatura da função de isolamento da tubagem de água.

9. Função do isolamento do tubo.

10. Função de aquecimento com temperatura constante.

11. Protecção do colector contra temperaturas elevadas.

12. Protecção contra a baixa pressão da água.

13. Protecção da memória.

14. Restauração da configuração de fábrica

Os custos para a instalação inicial estão incluídos:

-Solar Water Heater- 1350 Gel (558 USD).

-Controlador- 150 Gel (62 USD).

-Auxiliary Material- 200 gel (82 USD).

-Instalação - 200 Gel (82 USD).

-Tudo: 1900 gel (785USD).

O **circuito de ligação** do **controlador a um** aquecedor solar de água é

mostrado na Fig. 3.4, que mostra que o **controlador** SR **500 está ligado ao** aquecedor eléctrico instalado num aquecedor de água, ao condutor **com a potência de aquecimento, aos** sensores e à **válvula electromagnética, com a ajuda da** qual executa os comandos de função armazenados.

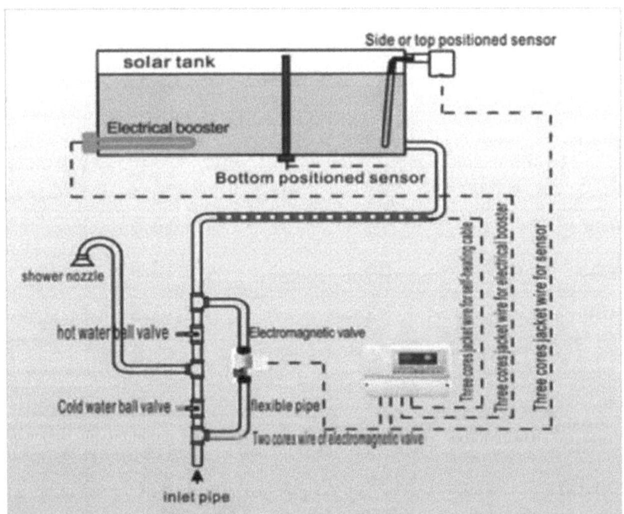

Figura 3.4 **O circuito de ligação do controlador a** uma **caldeira solar**

O aquecedor solar de água recebeu os seguintes comandos: Exibição do nível da água, temperatura e data no ecrã. A função de enchimento por tempo foi activada. O tanque era enchido todas as noites às 4 horas. O comando foi dado para definir a temperatura para 90^0 C e se a temperatura fosse inferior ao necessário, o aquecedor eléctrico com uma potência de 1500 watts no aquecedor de água tinha de ser ligado.

Dentro de 24 horas, 200 l de água quente com uma temperatura de 45^0 C são cobrados per capita. A temperatura da água fria no tubo é de 15^0 C no Verão e - 10^0 C no Inverno. É necessário 1 kcal de energia térmica para aquecer 1 l de água com uma temperatura de 1^0 C. Os dados sobre poupança de energia num caso específico de utilização de energia solar para aquecimento de água são apresentados no Quadro 3.5.

Observações sobre o funcionamento dos sistemas de aquecimento solar de água

Months	Temperature of obtained water (⁰C)	Energy saved within 24 hours (KW/h)	Energy saved within a month (KW/h)
January	23	3	90
February	30	4,7	141
March	55	10,5	315
April	65	11,6	348
May	73	13,5	405
June	85	16,3	489
July	92	17,9	537
August	92	17,9	537
September	71	13	390
October	58	10	300
November	37	6,3	189
December	18	1,9	57

3798 KW/h de energia foi poupada num ano para o aquecimento de água numa casa multifamiliar à custa da energia solar. Se tivermos em conta que na Geórgia 300 KW/h de energia custa 0,1693 GEL, esta família poupa (3798*0,1693) 643 GEL por ano a partir do orçamento familiar. O custo de produção de um aquecedor de água é recuperado em 3 anos (1900/643=2,95), o tempo de operação é de 20 anos, ou seja, ao investir 1900 GEL a família poupa (17*643) até 11000 GEL. Para gerar a mesma quantidade de energia em 20 anos com gás natural, são emitidas cerca de 8 toneladas (20*2019/9,45*1,9) de gases com efeito de estufa para o ambiente.

Recursos de energia eólica

A velocidade média anual do vento na Geórgia é de 0,5 a 9,2 metros/segundo. Em algumas regiões excede os 15 m/seg. De acordo com estudos existentes, o potencial total de energia eólica é de 1 450 MW com uma produção média anual de 4 160 GWh.

A Geórgia situa-se no extremo norte da zona subtropical de alta pressão e tem uma forte influência dos processos do hemisfério norte, que se desenrolam globalmente de oeste para leste.

A complexidade geográfica da Geórgia determina a diversidade do clima no seu território. O regime eólico no território da Geórgia deve-se ao carácter da circulação geral da atmosfera, à posição geográfica e ao relevo. A Geórgia está sob a influência do desdobramento médio e subtropical da circulação do ar, e as condições desta circulação são determinadas por mudanças no movimento dinâmico do anticiclone dinâmico e na posição da frente polar, bem como por processos atmosféricos nas áreas médias e tropicais.

Durante a estação quente, a Geórgia está sob a influência do ramo oriental do anticiclone Azor, a zona de alta pressão é estabelecida nas terras altas do Cáucaso e durante este período a continuidade da direcção oeste aumenta. Nas planícies de Kolkheti e nas actuais zonas costeiras, os ventos de oeste e sudoeste avançam do mar para a terra, chegando a sua replicação a 60%. Os ventos de leste e sudeste dominam nos contrafortes e colinas do Cáucaso, enquanto os ventos de noroeste predominam nas montanhas de Javacheti.

Devido à influência do anticiclone siberiano ocidental no Inverno, forma-se uma zona de baixa pressão no Mar Negro, enquanto nas regiões centrais da Transcaucásia a pressão é mais elevada. Nestas circunstâncias, os ventos de leste prevalecem no Vale de Kolkhida e no desfiladeiro de Rioni, com a reprodução a atingir 45-60%. Nos contrafortes e colinas do Cáucaso, os ventos do norte e nordeste aumentam em duração. Nas regiões montanhosas de Javakheti, as direcções sul e sudeste dominam com uma taxa de repetição de 60%.

Quase todo o país está bem representado pela circulação na montanha, que se caracteriza por um dia de dia periódico. Durante o dia, o vento sopra das terras baixas em direcção às montanhas e à noite no lado oposto das montanhas.

Nas zonas costeiras do Mar Negro, a brisa é acrescentada à circulação da montanha. Neste caso, o vento reforça-se quando a brisa e a circulação na montanha são compatíveis.

A Geórgia tem um potencial de energia eólica que praticamente não é utilizado. De acordo com estudos especiais, o fornecimento teórico de energia eólica na Geórgia é de $1,3 * 10^{12}$ kWh anualmente, enquanto o potencial de vento com uma velocidade superior a 4,0 m/s é quase 4,5 TWh anualmente.

De acordo com o potencial natural da energia eólica, o território georgiano está dividido em quatro zonas:

1. Zona de Alta Velocidade - Montanhas na Geórgia do Sul, Vale de Kakhaberi e a parte central da Planície Colcheciana. A duração do tempo de trabalho é superior a 5000 horas por ano.

2. Bacia parcial de alta velocidade e baixa velocidade - bacia de Mtkvari de Mtskheta ao vale de Kakhaberi. A duração do tempo de trabalho é de 4500-5000 horas por ano.

3. Zona de uso efectivo para parques eólicos de baixa velocidade - Cume de Gagra, planície de Kolkheti e planícies na Geórgia Oriental.

4. A área limitada para parques eólicos de baixa velocidade - Highlands de Iori e Reservatório de Sioni.

A frequência dos ventos fortes na Geórgia é observada em picos e passagens de montanha, por exemplo em Mta-sabueti, onde o número de ventos fortes é elevado. Aqui a velocidade média anual do vento é superior à de outros locais - 9,2 m / s.

Nas terras baixas de Kolkheti, as duas principais direcções de fluxo são o leste e o oeste, mas as correntes térmicas locais de circulação sobrepõem-se a elas. Na parte norte, a direcção norte do vento aumentou, o que se deve à proximidade dos picos do Cáucaso. A parte sul está sob a influência da direcção ocidental do vento, e a contribuição dos ventos de leste aumenta apenas no Inverno. A circulação térmica está bem desenvolvida nas gargantas que estão abertas ao mar e prevalece sobre os ventos de leste. A abertura da parte central da planície de Kolkheti para a latitude contribui para o desenvolvimento dos ventos da direcção este-oeste, que são de natureza mais semelhante aos ventos das monções. Os regimes de vento do Verão (vento do mar) e do Inverno (vento do solo) são aqui distintos. Na parte oriental das terras baixas de Kolkheti, as cadeias montanhosas da cordilheira do Likhi desempenham um papel importante, o que também aumenta a influência do vento oriental.

Nas planícies de Shida Kartli, os ventos sopram principalmente de oeste e noroeste. As direcções de leste ocorrem com menos frequência do que as de oeste. Os ventos setentrionais com direcções meridianas formadas pelos contrafortes do principal cume do Cáucaso ocorrem com muito mais frequência.

A disposição das Montanhas de Kartli e dos contrafortes meridionais da Região Montanhosa da Geórgia do Sul resulta numa direcção de vento noroeste, mas em algumas regiões do Kvemo Kartli a frequência dos ventos do sul e do leste é bastante elevada.

Nas montanhas de Javakheti há ventos de direcção sul e norte, e a mudança sazonal destas direcções é claramente visível. Na parte ocidental das Montanhas Mtianeti, os ventos de noroeste prevalecem no Verão e os ventos de sudoeste no Inverno.

As velocidades mais altas são geralmente observadas à tarde, as mais baixas à noite e de manhã, quando o contraste de temperatura entre as zonas verticais é uniforme. As propriedades relativas do relevo influenciam a mudança de velocidade durante o dia.

Todo o território georgiano é caracterizado por uma mudança anual directa da velocidade do vento, com a velocidade máxima no período outono-inverno.

A excepção são algumas das regiões do sul da Geórgia, onde se pode observar uma regressão anual da velocidade do vento.

É de salientar que as flutuações sazonais da velocidade do vento podem ser observadas em todo o território georgiano ao longo de todo o período do ano. As desvantagens das turbinas eólicas podem ser significativamente melhoradas através do seu acoplamento a pequenas centrais eléctricas. O trabalho nesta direcção é de grande importância para a solução bem sucedida do problema do fornecimento estável de energia nas regiões montanhosas da Geórgia.

WPP de várias pás (lento) giram a velocidades do vento de 3 - 3,5 m / s, e a WPP de três pás (rápido) começa a circular quando a velocidade do vento é de 4 - 5 m / s. No Quadro 4.1 encontra-se abaixo uma lista de estações meteorológicas do território da Geórgia, onde a velocidade do vento é igual ou superior a 3 - 9 m/s com a duração de 2500 horas por ano. A construção do WPP é recomendada nestas regiões da Geórgia.

Pontos onde a velocidade do vento é de 3 - 9 m/seg ou mais

Meteorological station	Speed of Wind					
	≥ 3	≥ 4	≥ 5	≥ 7	≥ 8	≥ 9
Gagriskedi	3395	2317	1921	1220	598	502
Mountain pass of Mamisoni	6980	5019	4369	2568	1773	1565
Kazbegi	4591	4241	3932	3082	2706	2453
Ckhra-Tskaro	6740	6001	3876	2191	1915	1033
Akhalkalaki	3620	2490	1804	708	440	245
Foti	4280	2944	2015	997	785	538
Ureki	5223	2703	1702	678	422	325
Kobuleti	3327	2434	1427	711	540	300
Batumi	6243	4715	3593	1566	1244	838
Chargali	3909	2462	1731	795	541	336
Jvari	3489	3181	2538	1998	1870	1528
Muxuri	3722	949	889	143	23	19
Tcalenjikha	3149	691	512	159	104	92
Kheta	2215	1650	1386	992	726	635
Lanchkhuti	3040	1624	1449	833	503	476
Samtredia	3708	2568	1990	1047	837	594
Vani	2570	1520	1447	894	523	511
Kutaisi	6014	4492	3814	2687	2402	1933
Dablacikhe	3655	1695	1637	808	358	328

kvedadimi	3358	1933	1545	900	523	445
Kharagauli	2984	2129	1836	1263	887	800
Tsifa	2872	1356	1280	626	335	324
Tkibuli	2820	2282	2103	1147	705	638
Korbouli	3837	2851	2132	910	477	227
Mountain of Sabueti	7127	6003	4901	3683	3224	2755
Khashuri	3571	2265	1622	807	627	503
Skra	5017	4184	3560	2196	1628	1398
Gori	3399	2567	1991	967	617	474
Tskhinvali	3328	1569	1490	786	431	431
Sioni	2983	1592	1289	621	405	346
Digomi	4020	2698	2545	2036	1495	1420
Airport of Tbilisi	4436	3742	3361	2708	2536	2265
Samgori	3752	2961	2733	2026	1636	1442
Martkofi	3245	3009	2507	1961	1860	1607
Rustavi	4131	3213	2853	2114	1773	1650
Kojori	2854	1071	953	415	196	191
Iormuganlo	2405	1347	1246	794	568	532
Udabno	2632	1991	1524	1039	787	635
Eldari	2957	1489	829	290	150	115

A figura 4.2 mostra o atlas da energia eólica da Geórgia.

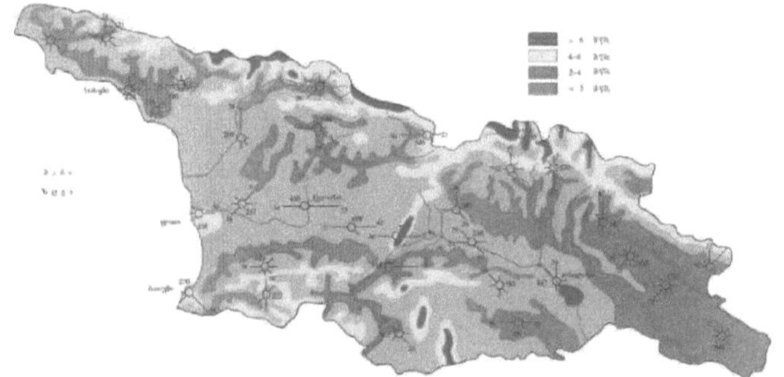

Figura 4.2 Atlas da energia eólica na Geórgia

Situação actual e desafios

Em 2016, seis turbinas eólicas com uma capacidade de 3,45 (modelo de turbina: V117- 91,5HH) e um diâmetro de 117 metros foram instaladas no município de Gori, com uma capacidade total instalada de 20,7 MW e uma produção anual de 88 GWh. Isto poupa até 5 toneladas de gases com efeito de estufa por ano (ver desenho 4.3).

Foi gasto um total de 34 milhões de dólares na construção. O projecto foi financiado pelo BERD com um empréstimo de 22 milhões de dólares. O parque eólico pertence à "Qartli Wind Farm" LLC, o fundador da empresa é o Estado.

Figura 4.3. parque eólico de Gori

Com o trabalho simultâneo de 6 turbinas, esta central fornece electricidade a 18.00020000 famílias, uma vez que cada família consome em média cerca de 200 quilowatts. Existem planos para aumentar a capacidade até 100 MW.

Depois de o parque eólico Qartli ter passado da fase experimental para a fase de produção de electricidade, nunca deixou de funcionar. Produz 1 700 000 kWh de electricidade numa quinzena. Toda a energia gerada pela central eléctrica foi introduzida na rede eléctrica georgiana. A 21 de Dezembro, a energia gerada pela central eólica atingiu 10 572 kWh. A central eléctrica funciona sem problemas e a sua eficiência é de 54%, o que é um valor elevado para uma central eléctrica deste tipo.

A electricidade gerada pelo parque eólico será comprada a uma tarifa pré-determinada. A ESCO comprometeu-se a comprar 100% da electricidade gerada pela central eléctrica ao preço de $6,89 durante 10 anos no Memorando de Entendimento assinado entre o Parque Eólico de Kartli, o governo georgiano, a Obras Eléctricas do Estado da Geórgia e o Operador Comercial do Sistema Eléctrico (ESCO). A tarifa é aproximadamente igual ao valor da electricidade importada.

Um ano após a entrada em funcionamento, o parque eólico Qartli gerou 87,7 GWh, que é quase a geração estimada.

O gráfico abaixo mostra a geração mensal estimada e real do parque eólico Qartli em 2017:

Quadro 4.4

Estimativa e geração real do QWF em 2017

Month	Estimated Generation	Actual Generation
January	6 400 000	6 540 000.0
February	6 900 000	5 817 840.0
March	8 300 000	8 934 520.0
April	7 400 000	9 412 900.0
May	7 500 000	7 910 560.0
June	7 200 000	8 762 040.0
July	6 900 000	7 315 840.0
August	6 700 000	8 421 280.0
September	7 000 000	6 847 540.0
October	7 100 000	6 893 600.0
November	6 400 000	5 074 300.0
December	6 300 000	5 793 620.0
Total	84 100 000	87 724 040.0

Figura 4.5 Comparação entre a produção de electricidade estimada e real (KWh) do parque eólico de Qartli.

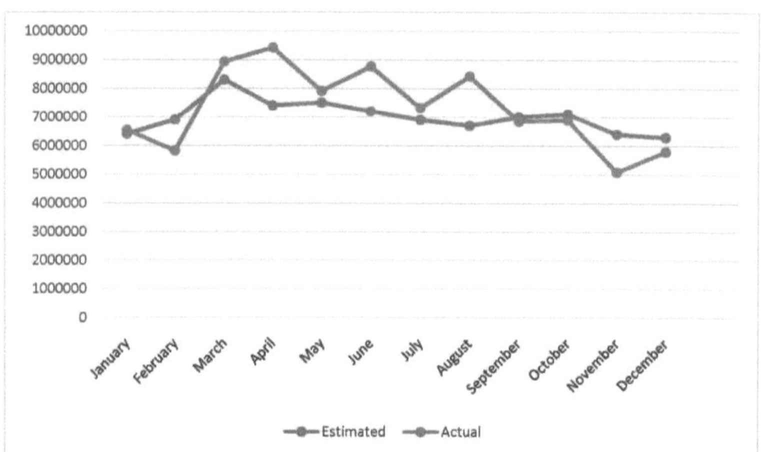

A Geórgia tem um potencial significativo de energia eólica, e vários estudos de turbinas eólicas identificaram áreas para a construção de parques eólicos:

1.1. poti-50 MW, que irá gerar 110 GWh anualmente;

2. Central eléctrica Chorokhi de 50 MW, que irá gerar 120 GWh anualmente;

3. Central eléctrica Kutaisi-100 MW, que irá gerar 200 GWh anualmente;

4. Central eléctrica Mta-Sabueti N1- 150 MW que irá gerar 450 GWh anualmente;

5. Central eléctrica Mta-Sabueti N2 - 600 MW que irá gerar 2 000 GWh

anualmente;

6. Central eléctrica Gori Caspi de 200 MW que irá gerar 500 GWh
anualmente;

7. Caravana - central eléctrica de 200 MW que irá gerar 500 GWh
anualmente;

8. Central eléctrica Samgori de 50 MW que irá gerar 130 GWh anualmente;

Uma das empresas no mercado georgiano oferece um gerador eólico de 600 watts (12/40 volts) com a unidade de controlo que o acompanha por 290 dólares americanos. A Geórgia é um país rico em fontes de energia renováveis, das quais um grande potencial energético se baseia nos recursos hídricos. A Geórgia é uma das principais nações do mundo em termos da quota de recursos hídricos per capita, mas actualmente apenas 18-20% do potencial técnico dos recursos hídricos é utilizado. Por outro lado, devido à sazonalidade do sector energético, a utilização do potencial da energia eólica é de particular importância nos meses de Inverno, quando o potencial dos recursos hídricos na Geórgia diminui. Quanto ao facto de a energia eólica ser mais cara do que a hidroeléctrica, é de notar que, pelo contrário, a energia eólica é muito mais barata do que a importação e a produção de calor, especialmente no Inverno, quando a energia hidroeléctrica não é suficiente para satisfazer a procura da população georgiana.

5 Energia geotérmica

Potencial de energia geotérmica

A energia geotérmica refere-se principalmente à energia da água térmica subterrânea. A Geórgia é um dos países com os maiores depósitos desta forma de energia.

Actualmente, no território da Geórgia existem 300 sítios de águas térmicas com uma temperatura de 60 - 110° C, com uma retirada anual total de 230 - 270 milhões de m^3 , com uma capacidade total de 310MW, com uma geração potencial de 1,82,3 mil milhões de TBS. É importante incluí-los no complexo energético-combustível georgiano. Os principais indicadores das águas geotérmicas na Geórgia são apresentados abaixo (ver Quadro 5.1).

Principais indicadores para águas geotérmicas na Geórgia

Quadro 5.1.

Numb. of ore	Name of ore	Number of wells	Temperature T^0C	Debit m^3/day.	Thermal capacity MWh	Savings of greenhouse gas, ths. Ton per year
1	2	3	4	5	6	7
1	Dranda	1	93	1500	4,8	7,0
2	Kindgi	11	75-108	26600	95	141,2
3	Mokvi	8	100-105	13470	48,9	73,5
4	Okhurei	2	104	3500	12,8	19,1
5	Tkvarcheli	2	35-38	690	0,35	0,53
6	Rechkhi	1	77	1080	2,6	4,5
7	Saberio	1	34	1230	0,5	0,8
8	Zugdid-Tsaishi	15	78-98	24564	69,8	103,8
9	Torsa	1	63	108	0,2	0,3
10	Okros satcmisi	1	63	104	0,2	0,3
11	Kvaloni	2	78-98	4300	11,6	17,2
12	Khobi	1	82	450	1,1	1,7
13	Bia	1	65	2600	4,8	7,2
14	Jafshkari	1	64	120	0,2	0,3
15	Zeni	1	80	372	0,9	1,4
16	Zana	1	101	400	1,4	2,1
17	Menji	3	57-65	5750	9,2	13,6
18	Isula	1	75	370	0,9	1,3
19	Noqalaqevi	2	80-82	700	1,8	2,6
20	Tckaltubo	79	31-35	20000	7,7	11,5
21	Samtredia	1	61	3000	4,9	7,2
22	District of Vani	3	52-60	2152	3,2	4,8
23	Vani	2	60	2780	4,5	6,8
24	Amagleba	1	41	346	0,3	0,5
25	Simoneti	1	42	520	0,4	0,6
26	Abastumani	3 ჭ.	48	1040	1,1	1,7
27	Vardzia	3	45-58	1330	1,75	2,7
28	Tmogvi	1	62	520	0,9	1,3
29	Naqalaqevi	3	34-58	795	0,64	1,05
30	Aspindza	1	42	864	0,7	1,0
31	Cixis Jvari	1	32	1000	0,34	0,5

32	Borjomi	25	30-41	537	0,4	0,6
33	Akhaldaba	4	33-42	500	0,26	0,43
34	Tcromi	5	39-55	732	1,03	1,64
35	Agara	1	82	260	0,7	1,1
36	Khvedureti	2	45-49	140	0,15	0,2
37	Tbilisi I	7	56-70	3760	6,5	9,9
38	Tbilisi II	5	38-48	1111	0,82	1,16
39	Ujarma	1	42	50	0,04	0,06
40	Torgvas Abano	1 бу.	35	800	0,4	0,6
41	Tcnori	1	37	864	0,5	0,75
42	Heretis kari	2	34-37	3300	1,65	2,6
43	All			135599	307,1	458,4

Os resultados do trabalho de escavação realizado por "SakBourgGeotherm" mostraram que os minérios nos distritos de Kindgi-Mokcu, Kindi e Drandi, Okhureti, Zugdidi-Tsaishi e Kvalloni na Geórgia Ocidental, enquanto na Geórgia Oriental os depósitos de Tbilisi e Agara, cujos recursos ascendem a 650 mil m^3 / dia, com temperaturas que variam entre 56-107^0 C.

Os depósitos de água termal identificados estão localizados nas seguintes regiões:

Poços de água termal de Tbilisi, com 7 poços: 6 estão em funcionamento e 1 é monitorizado. A carga geral dos poços é de 3760 m3 / dia; a temperatura é de 56-70 0C. A água é hidrocarbonato-clorossódica, com mineralização de 0,2-0,4 g / l. O minério está em exploração desde 1973. O depósito ainda está em funcionamento, a água térmica é fornecida aos habitantes de Tbilisi e aos artigos domésticos (banhos) para efeitos de abastecimento de água quente.

Existem 3 poços de monitorização no Complexo Termal de Agara. A taxa de produção é de 160 m^3 / dia, temperatura 75-82^0 C. A exploração industrial do campo ainda não teve lugar.

Há um poço de produção na Samtredia chamado "Samtredia". A água térmica é produzida a 1700 m^3 / dia, temperatura - 61^0 C. O poço foi colocado em funcionamento em 1973. A água foi fornecida à Samtredia spa o a vários serviços de utilidade pública para fins balneológicos e abastecimento de água quente. Em Menji o depósito de água térmica é de 2400 m^3 / dia, temperatura - 58 0C. A água é sulfato-clorino-cálcio-sódio-magnésio, mineralizada a 2,6 g / l. O poço está em funcionamento desde 1973. A água foi fornecida ao Menji Resort para balneologia. Existem 4 furos na água termal de Kvlavani: 2 estão em funcionamento e 2 de monitorização. A carga comum de furo de exploração é 5450 m^3 / dia, temperatura 79- 100^0 C. Existem dezoito poços no depósito de água termal Zugdidi-Tsaisi: 10 operacionais, 5 de monitorização e os 3 de explosão. A descarga dos poços é de 24564 m^3 / dia, temperatura - 78- 98^0 C. A água é sulfato-cloro-sódio-magnésio, com uma mineralização de 0,87-6 g / l. O depósito começou a funcionar em 1973, e a água foi fornecida à empresa Zugdidi para abastecimento de água quente, a objectos agrícolas para fins tecnológicos, e às termas de Tsaishi para fins balneológicos. O poço do Saberio tem apenas um furo de sondagem. Dentro do horizonte de água está Kveda Tsartsi, que se situa em 1633-2555 m. Intervalo. Existe apenas um poço de produção no poço de água termal de Rachka. A taxa de produção é de 1080 m^3 / dia (nível de água 80 m); temperatura - 72^0 C. O depósito foi colocado em funcionamento em 1977. A água é fornecida ao assentamento da HPP de Enguri e ao complexo desportivo para abastecimento de água quente. Há apenas 1 furo para exploração e 1 para monitorização do sítio de águas termais de Okhurea. A carga térmica da água é de 3500 m^3 / dia, temperatura - 105^0 C. O depósito foi colocado em funcionamento em 1973. A água foi fornecida à estufa da Okhurea Combine.

Existem 12 furos na área do poço Kighde Mokvi: 8 para operação, 3 para monitorização, 1 para explosão. A água termal é carregada a 26100 m^3 / dia, temperatura - 75- 107,5^0 C. O poço foi colocado em funcionamento em 1972.

Ao analisar o volume e a temperatura do recurso hídrico térmico total na região, os potenciais benefícios económicos e energéticos são resumidos por região neste histograma: (Figura 5.2)

Figura 5.2. Capacidades de fluxos de água térmica nas regiões da Geórgia (MW).

Situação actual e desafios

Nos últimos anos, a água termal foi principalmente utilizada na agricultura (combinações de estufas, fábricas de chá, avicultura e técnicas de pitching), utilidades (Tbilisi, Zugdidi) e balneologia (spas Samtredia, Menji, Tsaishi). Em 1990-1995, devido à situação no país, a maioria dos poços foi destruída e começou a drenar os recursos hídricos. Actualmente existem 51 poços operacionais, monitorizados e isolados, comboios de calor com um comprimento total de 170 km e 22 estações de bombagem.

Na Geórgia ocidental, a maior parte das bases, meios de transporte, estações de bombagem, furos e termites foram destruídos e roubados nos anos 90.

100% da água térmica é utilizada apenas na mina de Tbilisi. Cerca de 10 mil pessoas nos distritos de Tbilisi Vake e Saburtalo são abastecidas com 3000m³ de água térmica com uma temperatura de 56-70⁰ C, resultando numa

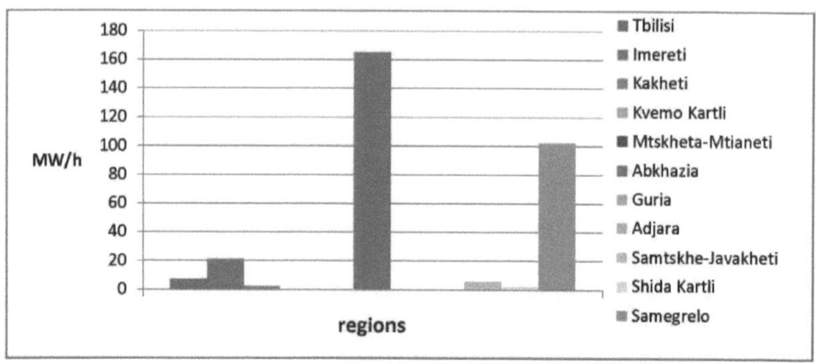

poupança de 100 galões ou 14200 toneladas de carvão vegetal e mais 1,5 milhões de m³ de água potável por ano. Existem também vários banhos na zona balnear de Tbilisi que também

Água quente de energia geotérmica de Tbilisi; a antiga fábrica de processamento de vinho no pátio do Ministério da Agricultura da Geórgia também utiliza água térmica para lavagem de louça e desinfecção. Vários banhos estão em funcionamento em Tskaltubo, que são utilizados para tratamento; a maior parte dos depósitos do poço caíram em desuso.

Uma vez que 82% das águas geotérmicas do nosso país são baixas em minerais e não agressivas, e o potencial de têmpera está na ordem dos 60 - 95⁰ C, recomenda-se a utilização destes tipos de água e a selecção das áreas de cultivo onde estes sistemas são competitivos com os sistemas tradicionais.

Os furos geotérmicos disponíveis hoje em dia são principalmente utilizados directamente para satisfazer as necessidades municipais (60 %) devido à falta de equipamento adequado. A agricultura (especialmente em estufas) utiliza 25 % dos recursos, a indústria 15 %. Além disso, apenas uma parte da energia térmica é utilizada e 30-40% do trabalho é inutilmente diluído. Acreditamos que cada sector precisa de ser desenvolvido em esquemas de utilização eficiente da energia geotérmica, onde a energia geotérmica é plenamente utilizada. A sua eficácia depende de muitos factores técnicos, económicos e ambientais inter-relacionados. Os factores técnicos incluem o desenvolvimento de sistemas complexos e instalações tecnicamente eficientes para a utilização de água geotérmica, bem como a selecção de utilizadores capazes de utilizar a água geotérmica sucessivamente (em várias ocasiões) para implementar processos tecnológicos. Os factores económicos incluem, em primeiro lugar, o custo da perfuração de poços geotérmicos, fornecedores de capital para a criação de um sistema complexo de isolamento térmico, bem como os custos operacionais e indicadores gerais de energia da região. Os factores ecológicos incluem a resolução do problema da poluição térmica do ambiente. Para evitar isto, é necessário reiniciar a pintura de água geotérmica (vice versa).

Existem cálculos sobre a rentabilidade económica e ambiental justificável da utilização da energia gerada pelo poço geotérmico instalado em Samegrelo, para aquecimento doméstico ou de água: no distrito de Tsaishi existem 15 antigos poços da empresa a partir dos quais a água ainda flui até aos dias de hoje. O seu caudal total é de 24564 m³ , temperatura da água - 78-98⁰ C, produção total de calor - 69.**8 MW/h. O** fluxo **e a temperatura desta água** são **bastante suficientes** para a **utilização de** água geotérmica **em** sistemas de aquecimento e para o abastecimento de água quente.

1. o minério de água; 2. o tubo de calor do sistema de aquecimento; 3. o primeiro tubo de calor do **fornecimento de água quente;** 4. o segundo tubo de calor do fornecimento de água quente; 5. o sistema de aquecimento.

Figura 5.**3**: Utilização de **água** geotérmica **em sistemas de aquecimento** e para abastecimento de água quente.

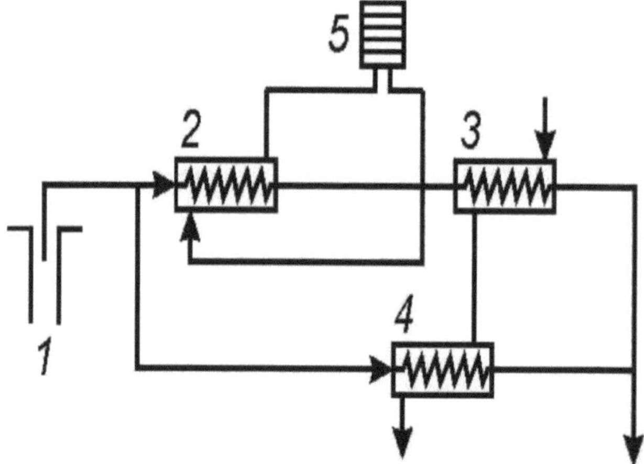

Podemos utilizar os **seguintes** esquemas: **1. a água geotérmica** trazida para **a** casa pode primeiro **ser** trazida para o **contorno da caldeira,** que **aquece o sistema de aquecimento que entra em contacto com ela, move-a através da bomba de circulação** e consequentemente aquece a casa (**no** Inverno), **após passar pela** caldeira, **a** água geotérmica pode ser aquecida e utilizada para o **abastecimento de água quente e depois devolvida à** zona designada. **2. é possível utilizar a** água geotérmica **apenas** para o abastecimento de água quente **na caldeira** e **depois entornar** o **volume de água (ver Fig.**

Se assumirmos que as perdas de energia térmica potencial da água do poço durante o transporte da água geotérmica para os colectores de água e depois para os edifícios residenciais são estimadas em 10% devido à utilização de isolamento térmico moderno, a energia térmica cinética utilizável será de até 63 MW/h.

Queimar 1 m³ de gás natural produz 9,45kWh de energia. O gás natural de 6700 m³ é queimado para obter 63 MW (63 MW / 9,45 kW) por dia, o gás natural com um valor superior a 1,4 (6700 * 365 * 0,58) milhões de GEL será uma economia anual equivalente a 590000 dólares americanos.

Para o depósito geotérmico Lisi em Tbilisi, uma pessoa paga 3 GEL (1,24 USD) por mês, nove meses do ano a população recebe 45⁰ C de água quente, o que é suficiente para fornecer água quente para o lar. Para um agregado familiar com quatro membros, a taxa para 9 meses é de 4 * 3 = 12 GEL, que é de 5 USD.

A análise do estado actual da utilização da água geotérmica deixa claro que vários problemas que dificultam o desenvolvimento da energia geotérmica no nosso país precisam de ser resolvidos, especialmente os seguintes:

- Baixa absorção de água geotérmica e do seu potencial calorífico;
- Imperfeição da central térmica geotérmica e consideração das suas peculiaridades;
- Inoperabilidade dos mecanismos existentes de fluxo de água com base

no preço, uma vez que a tarifa é determinada pela quantidade de água (sem ter em conta a temperatura), o que destrói o incentivo tanto para o produtor como para os consumidores, enquanto o calor geotérmico é totalmente utilizado;

- Com base no acima exposto, é necessário desenvolver novos

sistemas complexos para o abastecimento da indústria geotérmica no domínio da energia geotérmica, tendo em conta as diferentes condições, naturais e climáticas relevantes para cada região. Além disso, vale a pena considerar os factores que podem ser interligados, tais como custos de perfuração, carga de água, temperatura, perdas de calor no equipamento principal dos sistemas de fornecimento de energia térmica, estabelecimento e manutenção de parâmetros microclimáticos na área de armazenamento da estufa e dos reservatórios. Estas questões complexas ainda não foram estudadas, pelo que é muito importante estudar os problemas em grande escala, resolver e implementar as tarefas de optimização estrutural em diferentes áreas da agricultura, o que acabará por fazer economia nos recursos energéticos do país, aumentar os indicadores económicos e a fiabilidade dos sistemas com fornecimento térmico, melhorará grandemente o ecossistema e promoverá o nível de bem-estar da população local.

6 Bioenergia

Recursos bioenergéticos

Infelizmente, não existe uma visão geral completa e básica do potencial energético dos biocombustíveis na Geórgia. Só foram realizados estudos de avaliação, dos quais se podem extrair conclusões optimistas. A quantidade de diferentes tipos de resíduos de biomassa com o seu potencial energético e o valor das suas poupanças são apresentados no Quadro 6.1.

Quadro 6.1

Potencial energético dos diferentes resíduos de biomassa na Geórgia

Biomass species	quantity (10^3 ton)	Energy (10^9kWh)	Cost (10^6 US$)
Waste of granular and leguminous crops	870	1,3	80
Livestock and poultry wastes	1670	6,9	176
Household waste	900	0,6	14
Wastes from Tbilisi sewage water treatment equipment	250	1,0	57
Wood and its waste	700	2,7	125
Total	4390	12,5	452

Este quadro mostra que a energia da biomassa pode poupar-nos até 500 milhões de dólares americanos em despesas com recursos energéticos importados dispendiosos. Para além do potencial existente, é possível estabelecer plantações de energia nas terras agrícolas não utilizadas da Geórgia, o que terá um impacto positivo na quantidade dos recursos bioenergéticos da Geórgia. De acordo com cálculos de peritos, 5000 toneladas de biodiesel, 10 000 toneladas de copton e 18 000 toneladas de matéria seca podem ser obtidas a partir de 6000 hectares de colza. O cultivo de culturas perenes de Euonymus (árvore do fuso) também pode ser considerado como uma opção possível. É necessária uma área húmida ou semi-úmida para o cultivo. Com uma única sementeira, pode-se colher durante 10 anos. A produtividade na Geórgia ocidental (onde as terras semi-húmidas cobrem dezenas de milhares de hectares) é de até 2025 toneladas de matéria seca por hectare. A queima da parte seca de 1 tonelada de silfia produz uma energia térmica de 12500 MJ (3400 kWh). Assim, o potencial energético da silfia em 1 hectare é de 20 * 3400 = 68000 kWh. De acordo com os cálculos dos peritos, o preço de 1 litro de biodiesel de silfia não excederá $0,6.

O desenvolvimento da agricultura na Geórgia é uma questão de importância estratégica para o país. Juntamente com várias áreas para promover o desenvolvimento deste sector, uma das prioridades é a introdução da biotecnologia, especialmente das instalações de biogás. Há vários factores positivos para o desenvolvimento deste sector, um dos mais importantes dos quais são os recursos de biomassa anualmente renováveis que podem ser utilizados para satisfazer 14-17% das necessidades energéticas da agricultura. A biomassa residual gerada pelo cultivo de cereais na Geórgia está estimada em 1,6 milhões de m^3 anualmente.

Actualmente, o número total de cabeças de gado é de 1048500. Todos os anos, até 2 milhões de biomassa residual é recolhida em explorações georgianas, o que constitui um importante recurso para melhorar as condições energéticas, económicas e ambientais do país. O potencial energético total dos resíduos de gado e aves de capoeira é equivalente a cerca de 6,9 mil milhões de kWh e 734 milhões de m^3 de gás natural[3] .

Outros factores positivos para a utilização de unidades de biogás: O biogás produzido pela unidade de biogás pode ser utilizado directamente ou pode ser gerada electricidade. Além disso, tem as seguintes propriedades positivas: A biomassa obtida da unidade de biogás é o melhor fertilizante orgânico. Em comparação com o chorume da criação de animais, o bio-fertilizante contém 30% mais azoto natural. A sua utilização aumenta a produtividade em 10-15%. Isto reduz a utilização de fertilizantes químicos e reduz a pressão sobre as águas subterrâneas.

Situação actual e desafios

Em 1948-1961, foram construídas várias unidades de biogás no Instituto de Mecanização Agrícola da Geórgia. Em 1959, este instituto construiu uma unidade de biogás para 200 animais em Krtsanisi.

Toda a biotecnologia operacional foi construída com o apoio de organizações doadoras internacionais entre 1994 e 2007. Mais de 400 instalações estão actualmente em funcionamento. Os tipos de construção mais invulgares são os seguintes: Máquinas de cúpula forte, com cobertura flutuante no estilo do Gobar indiano; instalações de biogás de alta eficiência feitas de material de fibra de polímero; tanques de metano a operar à superfície no regime termófilo; as plantas mais comuns são 6m^3 (restos de 4-6 bovinos), chinesas com cúpula forte e indianas com cobertura flutuante e pequenas modificações.

Nas regiões frias da Geórgia, há duas razões principais para manter uma temperatura adequada dentro da unidade de biogás: aquecimento de água quente (por biogás, electricidade, lenha, painéis solares e outros meios) e isolamento térmico (uma ou mais camadas de solo, feno, fibra de vidro). Inicialmente, a água é aquecida com lenha e mais tarde com biogás gerado. Para condições termófilas, a temperatura interior deve ser de 45-65^0 C. No entanto, em condições climatéricas frias é difícil manter esta temperatura sem aquecimento.

Para além da introdução de designs chineses, indianos ou outros modificados, foram construídas três bio máquinas esféricas com uma capacidade de 6 m3 na Adjara em 2007, utilizando material polimérico importado da Turquia.

É necessário um isolamento térmico de alta qualidade para uma utilização eficaz da unidade de biogás no Inverno. A instalação da instalação de biogás não demora mais de 3 dias e pode ser realizada em qualquer altura do ano.

A instalação de biogás metálico que funciona em modo termopilha caracteriza-se por uma alta intensidade (3-4 m^3 biogás por dia a partir de 1 m^3 volume do bioreactor).

A máquina foi montada numa fábrica especial e posteriormente transportada e instalada no local. Uma dessas unidades (capacidade 2 m^3 bioreactor) foi instalada numa família agrícola em Lisi e funcionou durante 5 anos, fornecendo à família biogás contínuo e reduzindo o custo do GPL e da madeira.

O seu preço é bastante elevado, uma vez que é impossível produzir tais plantas em massa. O preço de uma unidade de biogás varia entre 2000 e 3000 USD, dependendo do tipo, tamanho, processamento da matéria-prima e localização. Além disso, todas as plantas acima referidas devem ser instaladas por profissionais qualificados.

Um dos fabricantes no mercado georgiano que vende unidades de biogás por 7500 GEL (3100 USD) oferece as seguintes unidades do sistema termófilo (ver Figura 6.2):

1. Volume 3 m^3 ;
2. Capacidade de produção 9-12 m^3 /dia;
3. Pecuária: 15 almas de gado ou 60 porcos;

4. Inclui: 1 reactor, 2 tanques de gás, forno energeticamente eficiente, nós de rolo, bomba para entregar a solução, recuperador, armário de controlo.

Figura 6.2 Plantas de biogás

7 Quadro jurídico para as energias renováveis

Para utilizar eficazmente os recursos energéticos, aumentar a segurança e estabilidade energéticas e satisfazer a crescente procura de electricidade, é importante ter uma política clara para o desenvolvimento das energias renováveis (incluindo a energia hidroeléctrica). Por conseguinte, é importante actualizar a legislação existente, em conformidade com as directivas da UE.

Ao assinar o Tratado da Comunidade da Energia em 27 de Junho de 2014, a Geórgia comprometeu-se a harmonizar a legislação georgiana com os regulamentos e directivas da UE e da Comunidade da Energia. As directivas mais importantes para as energias renováveis e a eficiência energética são:

Directiva 2009/28/CE do Parlamento Europeu e do Conselho, de 23 de

Abril de 2009, relativa à promoção da utilização de energia proveniente de fontes renováveis

Directiva 2006/32/CE do Parlamento Europeu e do Conselho, de 5 de Abril de 2006, relativa à eficiência na utilização final de energia e aos serviços energéticos

Directiva 2012/27/UE do Parlamento Europeu e do Conselho, de 25 de Outubro de 2012, relativa à eficiência energética

O Tratado da Comunidade da Energia estabelece, entre outras coisas, prazos para a implementação destas directivas. Se a Geórgia não aderir à Comunidade da Energia no prazo de dois anos após a assinatura do Tratado, ou seja, antes de 2016, o Conselho da Comunidade da Energia deverá fixar um novo prazo, mas o mais tardar até 2017.

A Lei da Electricidade e do Gás Natural é o principal acto jurídico que regula o sector da energia na Geórgia. O principal objectivo da lei é promover as energias renováveis e outros recursos locais, aumentar a eficiência da produção, transmissão, distribuição, importação, exportação e consumo, e promover a prioridade das energias renováveis, a diversificação dos recursos energéticos e as medidas de eficiência energética. De acordo com a Lei da Electricidade e Gás Natural, as centrais eléctricas com uma capacidade instalada inferior a 13 MW ou que tenham sido encomendadas desde 2008 (excepto as que fornecem capacidade garantida ao sistema) estão desregulamentadas e não estão sujeitas a regulação tarifária pela Comissão Reguladora. A electricidade gerada por centrais eléctricas desregulamentadas é vendida a consumidores elegíveis através de contratos directos ou a ESCO como energia de equilíbrio. É de notar que não foi celebrado qualquer contrato directo entre uma pequena central CHP e um consumidor directo em 2015, principalmente devido à baixa concorrência.

Um dos mais importantes actos jurídicos que promovem as energias renováveis e a eficiência energética no país é o Decreto sobre as "Principais Orientações da Política Energética" adoptado pelo Parlamento georgiano em

24 de Junho de 2015. As principais direcções desta política são:

utilização de energias renováveis, o que irá aumentar a capacidade instalada do país com a ajuda de investimento directo local e estrangeiro. Além disso, isto irá reduzir a dependência do país de outros produtos energéticos e melhorar a segurança energética do país;

A Geórgia como centro regional de produção e comércio de energia limpa. Em particular, a energia hidroeléctrica existente e outros recursos renováveis, as infra-estruturas correspondentes e o ambiente favorável ao investimento permitem à Geórgia tornar-se um centro regional de produção e comércio de energia limpa;

Desenvolver uma abordagem comum à eficiência energética e à sua aplicação. Isto significa uma gestão adequada da produção, transmissão, distribuição e consumo de energia, incluindo a implementação de programas de eficiência energética, que desempenham um papel importante na optimização do consumo de energia.

Deve também notar-se que o programa estatal "Energias Renováveis 2008" aprovado pelo governo georgiano estabelece as regras para a construção de centrais hidroeléctricas. Actualmente, é o Decreto 214 do governo georgiano de 21 de Agosto de 2013 que fornece a base jurídica para a construção de centrais de PCCE. Permite aos investidores seleccionar o projecto a partir de uma lista publicada no website do Ministério da Energia. Desde a sua adopção, foram construídas várias instalações de PCCE com base no Regulamento 214.

As leis sobre energias renováveis e eficiência energética na Geórgia são muito fracas e ineficientes. Por conseguinte, importantes reformas práticas e legislativas têm de ser levadas a cabo. Não existe nenhuma lei sobre eficiência energética e energias renováveis. Por outro lado, é necessário avaliar o potencial técnico e económico dos recursos energéticos renováveis do país para assegurar um desenvolvimento mais eficiente, em conformidade com os princípios do desenvolvimento sustentável. É também importante produzir estatísticas detalhadas sobre eficiência energética e energias renováveis, que é um dos requisitos do Acordo de Associação. É de notar que o Ministério da Energia, com o apoio de organizações doadoras, iniciou a elaboração do Plano de Acção Nacional de Eficiência Energética da Geórgia no final de 2015.

8 Electricidade de fontes de energia renováveis - Transformadores e indicadores tecno-económicos das centrais eléctricas

Apesar da economia instável, da falta de financiamento no sector energético, da falta de uma lei para promover o desenvolvimento e o investimento em energias renováveis, e de muitos outros factores de impedimento, há ligeiros desenvolvimentos no sentido das energias renováveis, tudo isto com a ajuda de investimentos e subvenções estrangeiras. Entre os desenvolvimentos menores contam-se a investigação de desktop no desenvolvimento de energias renováveis, a sensibilização do público, a preparação técnica e a instalação de pequenas capacidades nos sectores comercial e residencial. Bons exemplos incluem painéis solares distribuídos por toda a Geórgia, células fotovoltaicas, baterias solares instaladas no aeroporto e a central eólica em Gori.

O quadro abaixo contém projectos de indicadores técnicos e económicos para centrais eléctricas que operam com fontes de energia não tradicionais e tradicionais (ver Quadro 8.1). Os dados seleccionados de plantas de PCCE são comparados com outras fontes de energia não tradicionais ou tradicionais. A tabela abaixo mostra que a instalação de uma central solar de 1-kilowatt requer o montante de investimento mais elevado - $13715, que é oito vezes superior ao montante necessário para centrais hidroeléctricas ($1616). Além disso, o tempo de funcionamento anual de uma central solar é de apenas 1048 horas, o que é cinco vezes inferior ao tempo de funcionamento de uma central hidroeléctrica (5194 horas por ano), e pode verificar-se que o investimento em centrais solares é 40 vezes menos rentável para o investidor do que o investimento em centrais hidroeléctricas. Os cálculos mostraram que a central eólica é muito mais competitiva que a hidroeléctrica; ambas requerem quase o mesmo investimento para a instalação de 1 KW de potência (HPP - $5144, WPP - $4251). Estes dados sugerem que existem enormes oportunidades para desenvolver um determinado tipo de energia renovável no nosso país. A tabela 8.1 mostra que a entrada em funcionamento de uma central térmica requer o investimento mais baixo por kW ($956.6). Também se destaca por ter o maior tempo de funcionamento por ano (7608 horas) em comparação com todas as outras centrais eléctricas, mas tem impactos ambientais negativos. O estudo económico mostrou que o funcionamento das centrais de cogeração e TKW é rentável para os investidores, mas este estudo mostra também a competitividade das centrais eólicas em comparação com as mesmas.

Quadro 8.1

Os parâmetros técnicos e económicos para a concepção de centrais eléctricas operadas com parâmetros não-tradicionais

Power plants	Location	Installed capacity	Power generation	Including for 1 KW capacity (USD)	Including for 1 KW capacity (USD)	Number of used hours
Solar	Tbilisi Airport	350 KW	367 GWh	4,8	13715	1048
Wind	Gori municipality	20,7 MW	88 GWh	35,0	1690	4251
TPP	Gardabani	230 MW	1750 GWh	220,0	956,6	7608
HPP	Kazbegi districts (Tergi HPP)	26,3 MW	136,6 GWh	42,5	1616	5194

O potencial de energia eólica é mais elevado no Inverno, enquanto os painéis solares têm um potencial mais elevado no Verão. A combinação destes dois recursos não-tradicionais num sistema complexo e funcional pode ser benéfica.

O consumo de electricidade em 2017 atingiu 11,9 TWh, um aumento de 7,7 % em relação a 2016, e espera-se um aumento de 7,1 % em 2018. O fornecimento total de electricidade, composto pela produção doméstica (11,5 TWh) e importações (1,5 TWh), atingiu 13,0 TWh em 2017 (+8,1 % em comparação com o ano anterior). A produção hidroeléctrica representou 71% do fornecimento total em 2017, diminuindo 1,3% ao ano, apesar da inclusão de três grandes centrais de cogeração no sistema, devido a más condições hidrológicas. Os CHPs adicionados ao sistema em 2016-2017 (Dariali, Khelvachauri e Shuakhevi) deverão acrescentar 7,5% y-o-y em 2018. A central eólica de Gori de 20,6 MW gerou 0,09 TWh de electricidade no seu primeiro ano completo de funcionamento, contribuindo para 0,7% do fornecimento total em 2017. A central solar instalada no aeroporto deveria fornecer 0,366GWh em 2017. Globalmente, a energia gerada a partir de fontes de energia renováveis representou 71,4% do fornecimento total de energia (ver Figura 8.2).

Figura 8.2 Mix de geração de energia em 2017

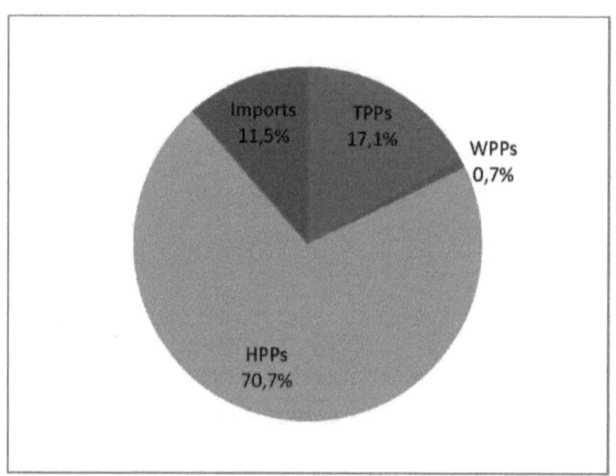

Cerca de 80 % da produção local de electricidade provém de fontes de energia renováveis (centrais hidroeléctricas) e os restantes 20 % de fontes de energia tradicionais (centrais térmicas). Consequentemente, a quota de energia hidroeléctrica no total da alimentação da rede doméstica é de 82% em média no período 2006-2015, enquanto a quota de geração térmica é de 18%. Como se pode ver pela figura, a quota de energias renováveis na produção total está a aumentar todos os anos, tendo em conta a taxa de crescimento da procura de electricidade (3-4 % em média). Isto serve a política de satisfazer a procura através da oferta local. A elevada percentagem de energia hídrica deve-se também à adição de nova capacidade hídrica ao sistema e à entrada em funcionamento de novas centrais eléctricas. Este aumento anual da capacidade hídrica tem um impacto positivo na penetração das energias renováveis e na segurança energética do país.

De acordo com o Ministério da Energia da Geórgia, prevê-se a construção e entrada em funcionamento de 52 centrais de produção combinada de calor e electricidade em 2016-2025. Tendo em conta a capacidade instalada destas centrais de produção combinada de calor e electricidade, a mistura global de fontes de energia por capacidade irá mudar e a quota de energias renováveis atingirá 86%, em comparação com 14% da capacidade térmica. A figura abaixo mostra a quota de diferentes fontes de energia na capacidade total em MW até 2025, em comparação com a capacidade de 2015 - 3,718.16MW. Até 2020, a distribuição da quota da capacidade de produção do país é apresentada no desenho, como indicado pelo desenho, a produção de electricidade no país será de 6,680.51MW até 2025, contra 3,718.16MW em 2015 - um aumento de 80%. A percentagem de centrais eléctricas, tanto pequenas como grandes e médias, quase duplicará até 2025. O investimento total para as centrais eléctricas a serem desenvolvidas é de 5,2 mil milhões de lari (2,15 USD), o que aumentará a produção de electricidade na Geórgia em 11 mil milhões de kWh.

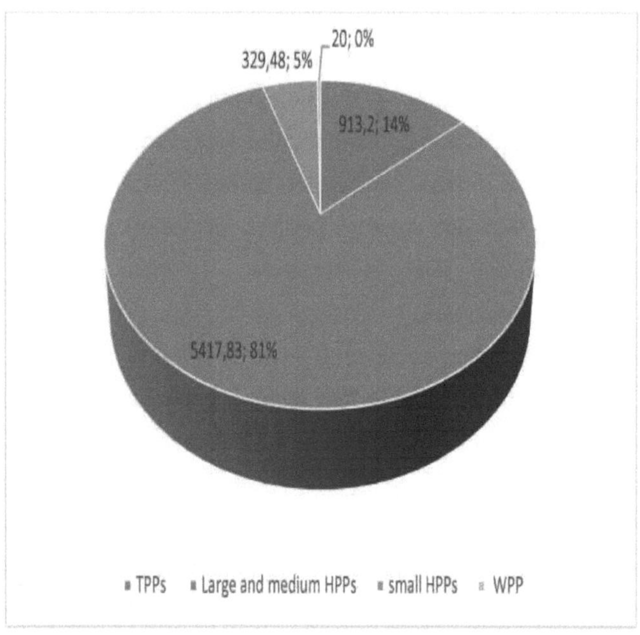

A localização geográfica estratégica da Geórgia, o elevado potencial dos recursos energéticos renováveis e o desenvolvimento positivo do sector energético sugerem que num futuro próximo a Geórgia não só satisfará a procura local de "energia verde", como também será capaz de fazer exportações sólidas para os países vizinhos.

9 Referências

1. Ir. Jordânia, T. Urushadze, O. Faresishvili, N. Mirianashvili, D. Chomakhidze e outros - Recursos naturais da Geórgia, Tbilisi, 2015. PP 1183. (georgiano).

2. D. Chomakhidze, G. Shengelia - Complexo Energético da Geórgia "Lambert Academic Publishing, 2017

3. Ministério da Energia da Geórgia - Georgia Energy Strategy 2016-2025. www.minenergy.gov.ge

4. Chomakhidze Demur. Balanço Energético da Geórgia. Universidade Técnica Georgiana, Tbilisi, 2006, PP. 353 (em georgiano).

5. Gabinete Nacional de Estatística da Geórgia (GEOSTAT). Balanço Energético da Geórgia, Publicação Estatística, 2016, (na Geórgia).

6. Chomakhidze Demur. The Energy Security of Georgia, PDP, Tbilisi, 2003, PP. 545 (na Geórgia).

7. D. Mirskhulava, D. Chomakhidze, R. Arveladze, E., Eristavi, P. Tsintsadze e outros. Energy Strategy of Georgia, Bakur Sulakauri, Tbilisi, 2004, PP. 297 (em georgiano).

8. Comissão Reguladora Nacional de Energia e Abastecimento de Água da Geórgia, Relatórios Anuais 200-2015, www.gnerc.org;

9. Operador do Mercado de Energia da Geórgia (ESCO), Relatórios Anuais 20052015, www.esco.ge

10. Estatísticas Chave Mundiais da Energia, 2008e2014. www.iea.org

11. R.K. Didebulidze, G.I. Tarkhan-Mouravu, Properties for sustainable development of Georgia highlands, Ann. Agric. Sci. 9 (1) (2011) 153e157.

12. D. Chomakhidze, The Regulation of Sustainable Energy Development, Universidade Technikal, 2012 (em georgiano).

13. D. Chomakhidze, Sector de Energia da Geórgia, Universidade Técnica, Tbilisi, 2014 (em georgiano).

14. D. Chomakhidze, Geórgia: Recursos energéticos, "Central Asia and the Caucasus", 4(46) 2007

15.   Anuário Estatístico da Geórgia, GEOSTAT, 2016

16. D. Chomakhidze, Balanço energético da Geórgia "AASCI" Science direct, 2016, Agosto

17. Natural Resources of Georgia, co-autores (2 volumes), sob a direcção científica do Académico I. Jordania.

18. Kublashvili G. Recursos Energéticos Não-Tradicionais da Geórgia e Estudo de Viabilidade da sua Utilização Kutaisi. 2016. PP. 103.

19. Mirianashvili N., Vezirishvili K. Elaboração e estudo da eficiência energética-económica de sistemas compostos de arrefecimento por calor com economia de energia baseados em sistemas de bombas de calor com água geotérmica em explorações agrícolas do complexo agro-industrial. Tbilissi. 2010 - 76-81 pp.

20. Grdzelishvili M. Giorgobiani O. "Heating with Non-traditional Renewable Energy" Tbilisi, 2012.

21. Kotorishvili E. "Renewable energy in Georgia and its use". Tbilissi. 2014.

22.   http://www.observer.com.ge/2015/12/07/

23.   http://www.eecgeo.org/ge/documents.htm

24.   http://bioenergy.ge/

25.   http://www.sun.org.ge/?l=geo

26.   Qwf.ge

27.   Gedf.com.ge

Annex 1

Map of Electricity Transmission Network of Georgia in 2015

Annex 2

Main parameters for the HPPs of Mtkvari river basin

HPP name	HPP capacity MW	Annual generation GWh	Annual application of installed capacity, hours	Regulation
Chitakhevi	21	110	5240	Without regulation
Zahesi	36,8	203	5500	Daily
Ortachala	18	90	5000	Daily
Khrami-1	112,8	217	1920	Annual
Khrami-2	110	370	3360	Daily
Jinvali	130	480	3700	Annual
Total	428,6	1470	-	-

Parameters of the potential HPPs on river Kodori

HPP name	HPP capacity MW	Annual generation GWh	Annual application of installed capacity, hours	Regulation
Zemo Chkhalta	90	340	3900	Daily
Shua Chkhalta	190	770	4000	Daily
Kvemo Chkhalta	200	700	3750	Seasonal
Lata	220	990	4500	Daily
Tekhi	370	1410	3800	Seasonal
Vardnili (4)	230	1000	4400	Daily
Total	1300	5210	-	-

Total HPP generation in Georgia

Years	GWh	Years	GWh	Years	GWh
1913	5	1973	2071	1999	6467
1940	544	1974	1878	2000	5953
1945	548	1975	2564	2001	5531
1950	894	1976	3329	2002	6767
1951	1057	1977	3145	2003	6525,8

1952	1171	1978	3665	2004	5892,8
1953	1116	1979	5288	2005	5850,2
1954	1188	1980	6410	2006	5321,6
1955	1173	1981	5648	2007	6724,5
1956	1540	1982	7088	2008	7053,6
1957	1454	1983	6215	2009	7314,6
1958	1616	1984	7067	2010	9263,3
1959	1782	1985	6243	2011	7788,7
1960	2223	1986	6056	2012	7122,1
1961	2158	1987	7693	2013	8163,5
1962	2372	1988	7748	2014	8333,7
1963	2706	1989	8787	2015	8453,8
1964	2905	1990	7600	2016	9220,0
1965	2792	1991	7041		
1966	2709	1992	6515		
1967	2425	1993	7011		
1968	2791	1994	4923		
1969	2597	1995	6383		
1970	2642	1996	6120		
1971	2637	1997	6053		
1972	2500	1998	6387		

Electricity Supply

Title	2009 Million/kw/h	2010 Million/kw/h	2010 Increase (%)	2011 Million/kw/h	2011 Increase (%)	2012 Million/kw/h	2012 Increase (%)	2013 Million/kw/h	2013 Increase (%)	2014 Million/kw/h	2014 Increase (%)	2015 Million/kw/h	2015 Increase (%)
Total Generation	8,407.7	10,057.7	19.62%	10,104.6	0.47%	9,697.6	-4.03%	10,058.7	3.72%	10,369.6	3.09%	10,832.6	4.46%
Thermal Power Plants- Total	990.7	682.8	-31.08%	2,212.1	223.97%	2,477.1	11.98%	1,787.7	-27.83%	2,035.9	13.88%	2,378.7	16.84%
Share of thermal power plants in generation	11.78%	0.79%		21.89%		25.54%		17.77%		19.0%		22%	
Hydro Power Plants- Total	7,417	9,374.9	26.48%	7,892.5	-15.81%	7,220.5	-8.51%	8,271	14.55%	8333.7	0.76%	8,453.8	1.44%
Regulatory	4,737.5	6,525.4	37.74%	5,217.5	-20.04%	4,905.0	-5.98%	5,385.1	9.77%	5158.9	-4.2%	5118.5	-0.78%
Seasonal	2,421.3	2,532.5	4.59%	2,379.3	-6.05%	2,047.9	-13.93%	2,557.1	24.86%	2682.7	4.91%	2817.3	5.02%
Small	258.2	317	22.77%	295.7	-0.72%	267	-9.71%	328.8	23.15%	492.1	49.67%	518	5.20%
Share of Hydro in Generation	88.22%	93.21%		78.11%		74.40%		82.23%		86.40%		78%	
Total Import	254.8	222	-12.90%	471	112%	614.6	30.49%	484.1	-21.23%	851.9	175.98%	699.2	-17.92%
Import from Russia	223.3	211.9	-5.11%	447.0	111.23%	517.1	15.53%	460.0	-10.93%	607	31.78%	511	-15.82%
Import from Azerbaijan	31.5	10.1	-67.94%	23.4	131.08%	97.5	316.67%	23.5	-75.90%	184.2	683.83%	101.7	-44.79%
Import from Armenia	0	0	0%	0	0%	0	0%	0	0%	2.1	100%	86.5	4019.05%
Import from Turkey	0	0	0%	0	0%	0	0%	0	0%	0	0%	0	0%
Transit										58.0			
Share of import in total resources	2.94%	2.16%		4.45%		5.96%		4.59%		7.59%		6.1%	
Total Generation and Import	8,662.5	10,279.7	18.67%	10,575.6	2.88%	10,312.2	-2.49%	10,542.8	2.24%	11,221.5	6.44%	11,531.8	2.77%
Plant Losses and own consumption	129.6	138.5	6.87%	192.4	38.92%	225.7	17.31%	198.1	-12.21%	215.9	8.96%	240	11.16%
Delivery Into the Network	8,532.9	10,141.2	18.85%	10,383.2	2.39%	10,086.5	-2.86%	10,344.7	2.56%	11,005.6	6.39%	11,291.7	2.6%

Existing Tariffs of the Electricity Sector

(Tariffs do not include VAT)

Guaranteed Capacity Sources	Tariffs	
	Cost of Capacity GEL/Day	Electricity Tariff Tetri/KW/h
"G-Power" LLC	41,671	8,46
"Mtkvari Energy" LLC	59,957	10,748
Georgian International Energy Corporation" (Tbilsresi)	49,4	11,303
"Gardabani Thermal Power Plant" LLC	366,173	6,659

HPPs	Tariffs Tetri/KW/h
"Enguri HPP" LLC	1,187
"Vardnili HPP Cascade" LLC	1,17
"Energo-Pro Georgia" JSC (Shaori HPP)	2,586
"Energo-Pro Georgia" JSC (Dzevrula HPP)	2,764
"Khrami HPP 1" JSC	8,2
"Khrami HPP 2" JSC	9,4
"Georgian Water and Power" LLC (Jinvalhesi)	1,83
"Zahesi" JSC	5,225
"Energo-Pro Georgia" JSC (Lajanuri HPP)	2,064
"Energo-Pro Georgia" JSC (Rioni HPP)	3,827
"Vartsike 2005" LLC	1,25
"Eastern Energy Corporation" LLC (Khadori HPP)	8,75
"Energo-Pro Georgia" JSC (Atshesi)	4,067
"Energo-Pro Georgia" JSC (Gumati HPP)	2,385
"Energo-Pro Georgia" JSC (Ortachala HPP)	2,5
"Energo-Pro Georgia" JSC (Satskheni HPP)	6,17
"Energo-Pro Georgia" JSC (Chitakhevi HPP)	3,933
"Electricity System Commercial Operator" LLC	0,019

Type of Activity	Company	Voltage Levels	Tariffs/Tetri /kw/h
Electricity Dispatch	"Georgian State Electrosystem" JSC		0,998
Electricity Transmission	"Georgian State Electrosystem" JSC		0,754
	"Energotrans" LLC	500 kw	0,42
		400 kw	0,29
	"Sakrusenergo" JSC		0,18
Electricity Distribution	"Energo-Pro Georgia" JSC	35-110 kW	1,652
		6-10 kw	2,175
		0,4 kw	6,927
	"Telasi" JSC	35-110 kw	0,705
		6-10 kw	1,773
		0,4 kw	5,567
	"Kakheti Energy distribution" JSC	35-110 kW, 35-110-purchase	0,932
		6-10 kw, 35-110-purchase	2,626
		0,4 kw, 35-110-purchase	6,218
		6-10 kw, 6-10-purchase	2,046
		0,4 kw, 6-10-purchase	5,638

Structure of Electricity Generation of HPPs

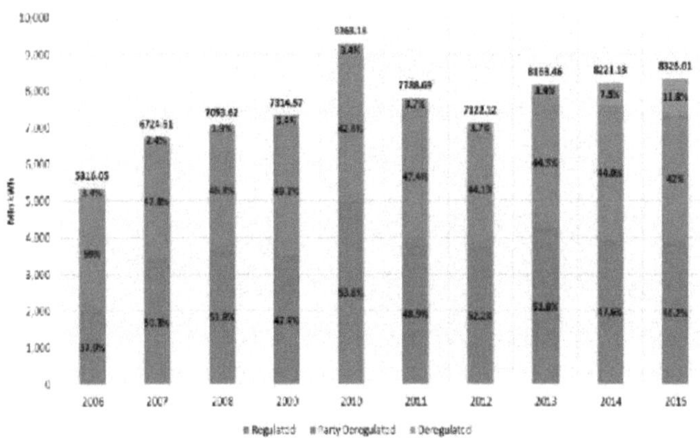

Generation Capacities in 2015

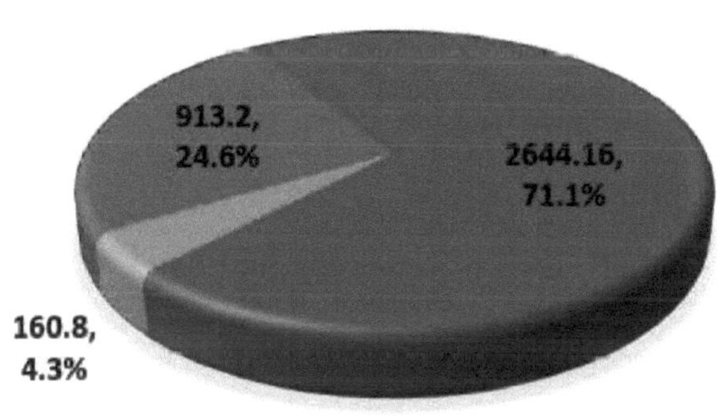

Parameters of the potential HPPs on Enguri cascade

60

Name of HPP	Capacity 10^3 kW	Annual generation, 10^6 kWh	Annual application of installed capacity, hours	Regulation
Tobari	600	2180	3650	Seasonal
Fari	140	570	4000	Seasonal
Kala	20	114	5700	Without regulation
Ipari	32	183	5700	Without regulation
Latali	72	388	5400	Without regulation

Índice

Printed by Books on Demand GmbH, Norderstedt / Germany